REPONSE
A
L'ÉPITRE
DU DIABLE,

PAR MONSIEUR

DE VOLTAIRE

COMTE DE TOURNAY,

PRÉS GENÉVE.

AUX DÉLICES.

1761.

RÉPONSE
A
L'ÉPITRE
DU DIABLE
A
VOLTAIRE.

Des lieux profonds, où régnent les ténébres,
Diable, aujourd'hui tu sors donc pour rimer,
    Et ne crains point de blasphêmer
Contre l'Auteur des ouvrages célébres!
Toi, des Enfers Souverain, à bon titre,
Voici la Réponse à l'infernale Epître,
Que poliment à moi Tu fis dresser.
Or, tu n'es pas le seul, à qui ma lire
    Dans tous les tems plut tellement,
    Que je reçus maint compliment
    Des premiers de plus d'un Empire.
    Mais j'avoûrai de bonne foi,
    Que me passant plus que des cornes,
    Tu peux, bien plus Diable que moi,

De ton Païs plus loin porter les bornes,
N'importe ton horreur pour Manés & Socin,
Ni pour le Défroqué, qui foupira pour Borre;
  Ni même, fi tu veux encore,
Pour tous ces Ennemis du Pontife Romain,
 Parmi lefquels fe diftingua Calvin:
  La Meffe en outre abhorre.
  Mais en Chef d'irréligion,
Extravague à jamais, & fans ceffe blafphême,
  Je te cède le rang fuprême:
Car te le difputer, feroit préfomption.
 Sans me ranger parmi ces Ennemis,
 Qui refpectant fur preuves immortelles
 Les faintes Loix du peuple circoncis,
Difputent le pouvoir des Miniftres fidéles,
De Dieu j'aime la Loi, point ne l'anéantis
 Par des interprétations rébelles.
  J'abhorre tout fiftême
 Et qui peut en faire de chancellant;
  Je laiffe tout dilême
 A tout Auteur impertinent.
 Je hais tout raifonneur brillant,
 Qui parle beaucoup, mais fans force;
 Et quoique tout plaife au Siécle préfent,
Je veux du fond, & méprife l'écorce.
Mon foin n'eft pas, emploiant broderie,
  De faire paffer mes Ecrits
  A la faveur du coloris;
  Et mon fententieux jargon,
S'il eft affaifonné de quelque rogaton,
        N'ofe-

N'oseroit s'embellir de vieille friperie.
Si je suis Historien, ou que Philosophie,
Politique profonde, aussi Géométrie
M'occupent, ni Flamands, ni Brétons, ni Germains
Me sont d'aucun secours. Je laisse Mandarins,
Habitans du Congo & de l'Abyssinie,
   Tout ami de Théologie,
Ensorte que jamais mon cerveau n'est brulé,
Quoique dans mes Ecrits tout soit accumulé.
  Je suis la nuit le même que le jour...
Socrate ni *Pyrrhon* ne changent ma nature.
Sans imiter *Zénon*, je déteste *Epicure*;
  Et fais mes vers sans consulter la Cour.
En chantant les François sur l'épique fanfare,
Chacun avec transport applaudit à mes sons;
  Et prenant le ton de Pindare,
Avec la même joie on écoute mes tons.
  Mes vers, où n'est aucun scandale,
Doivent à leur douceur toute célébrité;
  Et si Satan veut parler vérité,
Il avoûra ces Vers exempts d'impiété,
Puisqu'ils n'ont été mis sur enclume infernale.
   Jamais dans mes ouvrages
Je rassurai Mondain, ni flattai ses panchans;
Et j'eusse dédaigné les plus flatteurs suffrages,
S'il eût fallu détruire, ou rendre ridicules
  Des vérités, qui combattent les sens;
  Et comme Dieu, je chéris ses enfans,
  Et ne voudrois faire des incrédules.
  Je sçais, qu'en Angleterre

Maint Sage estima mon sçavoir;
Et si toûjours je craignis le tonerre,
Non, jamais mon succès ne passa mon espoir;
Et sans cesse suivant les régles du devoir,
  Jamais on ne vit mon génie,
De la Réligion renversant le pouvoir,
Contre elle soulever injuste, tirannie.
  Je respectai la Foi dans tous les tems;
  Docile, j'adorai la divine Ecriture;
Et jamais à mes yeux l'Auteur de la Nature
  Ne fut un Monarque en peinture.
Lui, qui soutient les bons, qui fait peur aux méchans,
J'ai sçu le distinguer de ces Rois paresseux,
(Si tels on vit jamais dans nos fastes antiques)
  Qui, peu touchés des miseres publiques,
Se livroient sans rémord aux festins comme aux jeux,
  Et vivoient seulement pour eux.
Donnerois-je à ce Dieu pour Maire du Palais
Le Destin, qui voudroit tout régler à sa mode;
Et faudroit-il hélas! qu'inutile Pagode,
Je le crusse sans soin, pour me l'offrir en paix?
  Comme toûjours j'espére de lui plaire,
  Jamais aussi ne vais-je le fâcher;
  Et sans vouloir follement m'enticher,
   Je veux, en sage titulaire,
   Que toute juste affaire
   A propos sçache me toucher.
Quiconque, comme moi, tâche de réclamer
  De ce Dieu l'active puissance,
Comme moi, peut aussi compter sur sa clémence.
       Mais

Mais plus heureux encor, qui met sa complaisance
  A le craindre & l'aimer,
Surtout s'il ne sçait pas ce que c'est qu'entamer
  Ni ses droits, ni son existence ;
 Et si l'esprit, sur fausse conséquence,
  N'admet légérement
  Encore plus faux argument,
  Mon cœur envain à la licence
A chaque pas trouve encouragement,
  D'autrui je laisse la substance,
  Et n'oserois trahir la confiance,
  De qui me parle imprudemment.
 Jamais mes mains pour filles de Cythére
N'ont embelli serails en brocards, en satin,
En tableaux de Boucher, en vernis de Martin ;
Et comme en aucun lieu l'on connut dans Voltaire
Pour l'homme malheureux des entrailles d'airain,
Mais un cœur tendrement touché de sa misere,
Partout aussi j'aimais la veuve & l'orphelin.
  Chez moi, jamais à l'abondance
  Le luxe servit d'instrument ;
  Et molle complaisance
Ne me fit accepter honteux délassement.
A mes yeux la vertu n'est orgueil, ni folie...
La chercher, la cherir, c'est prendre juste essor
  Et comme elle est l'ornement de ma vie,
  Elle sera mon espoir à la mort.
Qui sçait, dans la saison des ris & des amours,
  Faire du tems un bon usage ;
Et qui, persuadé de son rapide cours,

Uti-

Utilement sçait employer ses jours,
Sans commettre forfait pendant tout son passage,
Est mon Héros: mais qui, du seul plaisir
Se faisant une loi, sans craindre l'avenir,
  Ose penser, par perverse méthode,
Qu'au gré de ses desirs toûjours tout soit permis,
  Est insensé, si l'on veut mon avis,
Quoique penser ainsi soit chose très commode...
Mais qui croira jamais, que tous ces beaux Esprits,
Qui brillent à Berlin, à Londres, à Paris,
  M'auroient nommé, pour quelques Rapsodies,
   Le Patriarche des Impies?
Puisqu'ils sont du très-Haut les puissans ennemis,
Et qu'ils ne veulent pas, que l'on croie en son Fils?
Chez toi, ce choix envain fut admis en chapitre:
Mais, pour le démentir, jamais je n'eus ce titre.
Qui sçait dans ses Ecrits s'élever contre Dieu
Excita mon mépris en tout tems, en tout lieu;
Et si par grand malheur la Nation Mortelle
Fit croître de moitié ton séjour florissant,
   A d'autres sois reconnoissant.
Moi je n'en suis le Chef, ni même le modéle;
Et quoique dans les lieux, qu'habitent les Badauds,
   Soit un peuple volage,
Qui sçait plus aisément, en faveur du langage,
   Saisir les préceptes moraux,
Ne fonde point sur moi ton plus noble héritage.
Mais qu'importe que Clerc, Commis, Facteur, Poupon
   Avec son rabat de linon,
Ou qu'autres, sécondant leur Tragicomanie,
        Comme

Comme toi, sans succès grimpent sur l'Hélicon;
Et que du bel Esprit ils briguent l'écusson,
Si de dogmes certains aiant tête farcie,
Ils suivent à propos la doctrine chérie?
  Mais renvoier au Vulgaire ignorant
Un Culte, qui jamais ne fut indifférent;
Et confondant Bramin avec le Catholique,
Ce Culte régarder comme vaine pratique,
Diable seul peut l'oser: mais lorsqu'avec fureur
Attaquant le dehors du sacré Ministére,
L'on veut contre la foi d'un antique Mistére
Toûjours dogmatiser, c'est en Réformateur
D'un légitime aveu dispenser le pécheur.
Que richesses partout enorgueillissent Moines;
Que pompe suive Evêque, & bien-être Chanoines,
  Au Diable seul profitent ces abus.
Mais comment Capucins, Recolets & grands-Carmes,
  Et tant d'autres Réclus,
S'ils étoient mariés, calmeroient les allarmes?
   Qu'âme aussi d'un colimaçon
   Périsse, ou croisse à l'unisson,
S'ensuit-il que l'étui vaille autant que la lame?
  Et que qui fait l'analise de l'âme,
  Est Esprit fort, lascif, glouton?
  D'un insensé tel est le Catéchisme;
Et plus fol est encor, qui le dit à Paris.
   Si quelquefois dans mes Ecrits
   Je pris parti pour le Papisme,
   Tu sçus, pour enfler tes impôts,
   Fertiliser par tes travaux

Le noir rivage,
Qui par mes foins ne te rend d'avantage;
Sans mon fecours, pour péchés capitaux
Te vient Damné de tout étage,
Tu en reçois de friands manivaux,
Tout eft à Toi, Richards, ainfi que leur luxure,
Leur avarice & leur ufure,
Comme tous intriguans & tous appareilleurs
Et coquins de toutes couleurs.....
N'efpére donc rien de mon zéle;
Mais que tes bons deffeins
Te confervent l'appui généreux & fidéle
Des Bayles & des Arétins.
Qu'Uranie, qu'on dit œuvre immortelle,
Et Religion Naturelle
Rendent jaloux les plus fiers Ecrivains;
Diable voudroit feul en être le pére
Comme de l'Epître légére,
Où l'on voit la Grace de Jefus-Chrift
Comme les trois Graces d'Homére
Par anti-thefe être en conflit.
Sur qui Pucelle incomparable,
(Autre livre admirable,
Qui de l'Auteur conftatant le fçavoir,
Comble fa gloire & fon efpoir)
Peut faire impreffion? Qui voudroit convénir,
Que l'on dût applaudir
Aux tableaux, aux blafphêmes
Des Intelligences Suprêmes?
Trop fertile en ordure,

Jamais

Jamais Ecrit pervers
Ne pourra surpasser par cynique peinture
Celui du Diable des Enfers;
Mais jamais planant dans les nuës,
Je voudrois saisir le moment,
De te marquer contentement
Sur le Livre charmant
Des rimes dissolues.
Envain tes intérêts
Voudroient, que dans le Monde
On te servît avec succès,
De loin, ta demeure profonde
M'apprendra tes forfaits;
Et si toûjours grande réssource
Tu peux trouver chez les Vivans,
Bien moins après ma course,
Je craindrai tes gouffres brulans;
Et si jamais dans tes cantons
Ma vue te console,
Je consens, que Démons,
Vénant à mon école,
Y prennent mes leçons.
Mais comment, Archange rébelle,
Te cédant un rang dû,
Pourras-tu me fêter de ta braise éternelle,
Quand je serai le bien-venu
Dans ce beau lieu,
Où tous les Sages,
Amis de Dieu,
Vanteront mes ouvrages?

Ainsi

Ainſi que filles à talens
Qui faiſant ſur la ſcene
Triompher Melpomene,
Et vendant leur printemps,
Viennent, malgré ſaint-Côme,
A pas précipités dans ton ſombre Roïaume?
N'importe, que Bigot, d'un commun cimétiere,
Ait réfuſé l'honneur
A la Deéſſe pouliniére,
Connue ſous le nom de le Couvreur,
Elle, qui s'attira l'encens le plus flateur?
N'importe, que chez toi, par un geſte animé
Et récit plein de charmes,
L'on ſente mieux les tragiques allarmes,
Et que feu toûjours allumé
Faſſe verſer bien plus de larmes?
Jamais luira le jour,
Où, deſcendant dans ton ſejour,
Il faudra qu'en ta Cour
Ton allegreſſe ſe deploie,
En préparant des feux de joie
Et plus ſuperbe hôtel.
Mais dans le ſéjour des délices
J'obtiendrai répos éternel;
Et jamais lacs étincelans,
Ni Rochers fulminans,
Ni vaſtes précipices,
Ni gouffres mugiſſans
M'attraperont au gré de tes caprices.
De la ville, où toûjours l'on reſpecta Calvin,

J'ai-

J'aime la perspective,
Et légue l'infernale rive
A tout sot Ecrivain.
Quoique l'ombre, la plus avare,
Qui peut faire que ton désir,
Dans le fond du Tenare,
Ne puisse s'assouvir
Par cet Or, que ta main prépare?
Quoique vers le terme fatal
Ma vieillesse me précipite,
Le Diable envain m'invite,
Ainsi que lui, de faire mal.
Vis en Athée, & meurs en chien,
Et jusqu'au bout agis par bienséance,
Pour moi j'ai toute l'espérance
D'un éclairé Chrétien.
Tu sçus braver les Cieux,
Et blasphémant faire naufrage ;
Et jamais l'âge
Ne t'empecha d'être audacieux.
Benêt De la Fontaine
Put mourir lâchement,
Et l'objet de ma haine
Expirer saintement :
Mais jamais sur la scène
Laissant indigne monument,
Comme un poltron Normand,
De repentir ne ferai testament.
Non, des craintes subites
Ne me saisiront au trépas,

Et

Et jamais sur mes pas
Ne voleront des Bandes interdites ;
Et si crainte se communique,
Ne crains pas, ton Rival point ne triompheroit ;
Et le parti philosophique
Aucun coup ne te porteroit,
Ni personne s'allarmeroit.
Résiste à la clémence
D'un Dieu, qui voudroit pardonner ;
Et sçache te déterminer
A ne venir jamais à la resipiscence,
Car vingt mille ans de pénitence
Ne pourroient lui faire oublier
L'éternelle vengeance,
Qui ne peut avec lui te réconcilier.
Le cœur, muni d'une triple cuirasse,
Brave tous ses éfforts ;
Et s'il menace,
Etoufe tes rémords,
Et méprise sa Grace ;
Et pour ton bien
Reste, où le Destin te confine,
Et ne crains la doctrine
Du Culte Ausonien.
Dans mille ans les mêmes Côteaux
Seront ton héritage ;
Et ton rivage,
Comme tes arsenaux,
Sans faire un Sage,
Verront plusieurs Heros.

Comme

Comme les cendres de Virgile
Précipitoient la foule aux bords Napolitains,
De même plusieurs Ecrivains,
Qui vainement consultent la Sibille,
Iront te voir dans ton azile,
Sans redouter les antres souterrains.
Sans jaloux dans ton hermitage,
Oui, depuis longtems tes esprits,
Usés & décrépits,
Contre toi, de tout âge
Soulevent de grands ennemis.
Espcrant tout du fanatisme,
Sans t'arrêter à des livres fameux,
Qu'ont produit, comme toi, des insectes poudreux,
Ne cesse ni blasphême ni sophisme,
Je te promets un mépris généreux.
Que dans le plus profond silence,
L'on voie à tes génoux
Tous ces cuistres jaloux,
Pleins d'orgueil dans leur ignorance,
Le Pinde, comme l'Univers,
Sans craindre tes travers,
Ne pourra sans folie
Imiter les écarts de ton foible génie.
Mais renversant tout à la fois
De Christ les Temples & les Loix,
Fais par tes travaux mémorables,
Que mensonge & les fables,
Comme de fougueux Diables,
Sément le bruit de tes exploits.

F I N.

www.ingramcontent.com/pod-product-compliance
Lightning Source LLC
Chambersburg PA
CBHW071436060426
42450CB00009BA/2207